괜 찮 아

괜찮아

정순애 디카시집

마주 보는 따스한 눈길
너의 마음이 보인다

그린출판

넘어져도 괜찮아!
지쳐도 괜찮아!
울어도 괜찮아!

그것이
바로
인생이라는 것을

위로의 말 한마디 기다리는 당신에게

첫 번째 시집 『바람에 흔들리고 비에 젖어도』를 세상에 내놓으며, 삶이란 바람에 흔들리고 비에 젖으면서도 꺾이지 않고 자라는 나무 같다는 것을 고백한 적이 있습니다. 이번, 두 번째 시집 『괜찮아』를 독자 앞에 내놓습니다.

인생은 언제나 우리를 시험합니다.

때로는 가벼운 장난처럼, 때로는 감당하기 어려운 무게로, 하지만 그 모든 순간 속에서 저는 늘 제 마음속에 작은 위로의 한마디를 품어왔습니다.

"괜찮아!"

넘어져도 괜찮아, 지쳐도 괜찮아, 울어도 괜찮아.

그것이 바로 살아가는 인생이라는 것을.

이 시집은 디카詩라는 새로운 장르 속에 담았습니다.

눈앞의 풍경 담은 사진과 함께, 그 순간 제 마음속에서 흘러나온 시의 언어를 얹었습니다.

봄에는 새싹과 꽃처럼 피어나는 기쁨을 맛보고,

여름에는 뜨거운 태양 아래 땀과 눈물이 섞이는 고단함을 위로하고,

가을에는 떨어지는 낙엽 속에서 묵직한 그리움을,

겨울에는 차가운 바람 속에서도 꺼지지 않는 희망의 불씨를 태우고 하얀 기다림으로 덮곤 했습니다.

그렇게 사계절을 따라 걸으며, 삶의 희로애락을 디카詩로 풀어냈습니다.

사진은 눈으로 보는 숨겨진 예술이지만,
시는 마음으로 읽는 고백입니다.
사진 한 장이 말하지 못한 숨결을, 시가 대신 속삭이기를 바랍니다.
그리고 시가 다 전하지 못한 울림을, 사진이 고요히 건네주기를 바랍니다.
그렇게 사진과 시가 서로의 빈틈을 메우며 한 편의 위로가 되기를
소망합니다.

이 시집은 특별히 토닥토닥 '괜찮아!' 라는 말을
독자 여러분께 건네고 싶어 엮었습니다.
살아가는 길에서 혹시 주저앉고 싶을 때, 잠시 이 책을 펼쳐 사진
한 장을 바라보고, 짧은 시 한 줄을 읽어 보시길 바랍니다.
그 순간 마음속 어딘가에 조용히 스미는 온기가 있다면,
그것만으로 이 시집은 제 역할을 다한 것입니다.
삶은 늘 완벽할 수 없습니다. 때론 흔들리고, 때론 젖으며,
때론 부서지듯 힘겨운 시간을 지나갑니다.
그러나 그 모든 과정을 품으며 결국은 우리를 더 깊게, 더 단단히
만들어 주는 것이 인생입니다. 그래서 저는 오늘도 제 마음에게 말합니다.
"괜찮아. 충분히 잘 살아내고 있어."
이 작은 시집이 독자 여러분께도 그런 위로의 한마디로 전해지기 바랍니다.
바람에 흔들리듯, 빗방울에 젖듯, 사계절의 빛과 그림자 속을 함께
걸으며, 우리 모두 웃을 수 있기를 소망합니다.

치도 & 송당 정도에

봄

낯선
설렘들과
나란히
소풍
간다

여름

그리움에 젖어 서 있는 애처로움이 우산 받쳐 준다

2

가을

기다림 태우며
아픈 가슴
톡톡 안는다

3

겨울

그
자
리
그곳에서
기
다
림
배
우
며
서
있
다

4

봄

낮선 설렘들로라 나란히 소풍 간다

1

오랜 기다림

혹독한 겨울 뚫고
서성이는 봄 붙잡고
님 그리워 나선 길 잃을까
분홍빛 등 따라 걷는다.

봄이 오면

푸릇한 향기 흩날리고
사랑 움트는 그곳에서
연둣빛 미소 살포시
보리피리 불며 길 활짝 열더니
바람 뒤로 숨는다.

그댈 만나는 날

무언들 두려울까
당신 만날 수 있다면
시려 동동 가슴 언다 해도
연분홍 추억 속 뚫고 나와
사랑꽃으로 피어난다.

힘내

굴곡진 아버지
생의 무게 비틀거린다
느린 발걸음
그저 바라보던 산수유
미소 지으며 손 흔든다.

홍매의 사랑

수줍어하는 연분홍 입술 다문 채
문풍지 바람 따라 님 향기 올까
움츠린 매무새 펴고
여기 왔어요 가슴 톡톡 내민다.

사랑고리

혹독한 겨울 보내려 왔을까
하염없이 흐르는 기다림 놓칠까
청아하게 웃는 매화 허리춤 잡으며
꽃웃음 날리는 안개비
손 꼬옥 잡는다.

여인아 1

한 번쯤
나직이 누르는 빗줄기 속에
반항하듯 몸도 마음도 풀어헤치고
미친 듯이 사랑의 소용돌이에 빠져든다.

가슴앓이

해 질 녘 되도록 님 기다리며
흔들린 마음
바람 한 자락에 의지하며
사랑의 늪에서 허우적 허우적.

가는 세월

푸르름으로 수놓은 길 위에
매달린 수많은 흔적들
잎새 되어 그늘에 쉬고 있다
시간 지나 하나씩 떨어져
희미해지고 있다.

황토 행렬

한 줌 흙이 나풀거린다
하얀 살결 너의 입김으로 물들어
초록 위 빚은 채 줄줄이 서서
살포시 그리움 덮어 준다.

인생길

가는 세월 오는 세월
굽이진 허리 등선 위로
걸어오는 청춘의 행진
교차하는 두 갈래 길.

중년의 꿈

푸른 초원에 서 있는 저곳 가면
굳어있는 알몸뚱이 홀로 남아 있어도
못다 이룬 청춘의 파란 설레임
펼칠 수 있을까.

연정

다가오는 심장소리
마주하는 입김이 세상 멈추게 하고
다가서는 발걸음은
동그래진 눈빛 속에 들어 있다.

형제

아침 햇살 마주하는 시간
이슬 한 모금에
부산 떨며 엎치락 뒤치락
쑥쑥 피어나는 애기 잎새 바라보며
굽은 세월 일으켜 세운다.

5·18

하늘 치솟는 울음 사무쳐
깃발에 토해내고
총성받이 바람만이
서러운 마음 태운다.

청춘

허물어진 세상이
불빛에 나불거린다
시리디시린 귀퉁이 어루만지며
하소연이 줄을 잇고
소년의 발걸음이 내일 비춘다.

보고파

그대 향한 마중길
천년만년 보랏빛 수놓아
박하향 미소 비추리.

누가 누가 잘하나

영차 영차 줄다리기 하듯
짧은 몸 쭉쭉 늘리며
앞서거니 뒤서거니
노란 솟대 세운다.

나들이

따사로운 햇살이
늦잠꾸러기 아침 깨워
낯선 설렘들과
나란히 소풍 간다.

갈망

잠들어 있던 저 깊은 마음속 모롱이
가도 가도 끝없는 미로의 길
도무지 채울 수 없는 목마름 따라
여정의 터널 언저리 위로
바람이 춤추며 가고 있다.

넘지 못하는 선

저 너머 바라보는 평행선
다가서지 못한 마음을 허공에 띄우고
신록에 향기 숨기며
수행 가는 길 목탁 소리만 커진다.

깨달음 1

지구 끝까지 따라가
아무리 뛰어 본들
저 노송 앞에
한낮 부끄러운 세월에 불과할 뿐.

사랑아 1

님 오신다기에
연분홍 꽃잎으로 수놓아
오실 길 살포시 깔아 놓고
홍조 띤 가슴 쓰다듬으며
빛나는 두 눈 미소 짓는다.

사랑아 2

풍랑에 흔들린 달빛 아래
부채 끝으로 쓸어내듯 웃는다
가면 너머 붉은 파도 노란 순정도
에헤야 디야 풍파마저 희극 되고
탈 속 스며든 슬픔 번져 간다.

홍매의 속삭임

차가운 비바람 불어와도
향기가 깊어만 가고
따스한 미소는
마음 어귀에 붉은빛 달아두고
수줍게 홍조 띤 추억 달군다.

수선화의 천년사랑

곁으로 온다던 당신의 속삭임
그 한마디에 흔들거린 하얀 맘 세우며
소나무 천년사랑도 찬바람에 띄우고
옷깃 보일까 뉘엿뉘엿 바라보는
붉은 연정이 시리다.

희망의 씨앗

홀씨가 속삭인다
내 안엔 아직 따스한 봄이 있어
그 말 한 줌이 햇살 되어
눈물자국 위로 피어난 생명 하나
새 숨 불어 넣는다.

무아지경

오늘은
속내음 훌훌 벗어 버리고
푸른 하늘 아래 움켜쥔 버거움도 놓고
마음대로 미쳐본다
노란 웃음 와르르 쏟아질 때까지.

홀로 서기

푸른 저 들판의 외로움
걱정으로 물든 허물 벗고
목마름 적셔 주는 토닥거림으로
움츠린 고개 높이 들고 두 팔 벌린다.

쉼 1

봄빛으로 물든 초록 치마
안개 분칠한 바닷물결에
넌지시 발 담그고 물장구치는
여인네들의 푸념들
등대까지 메아리친다.

화엄사 홍매

봄으로 수놓은 치맛자락 휘날리며
선홍빛 미소로 손님맞이하는 향기
오는 이 가는 이
뒷자락 머물게 하는 유혹
산사 지붕 물들다 못해 검게 탄다.

큰유리새 부부

움추린 배 쥐어짜며
고왔던 매무새 세파에 물들어도
입 벌린 자식 사랑 더해 가고
굶주린 시간도 바람에 내어준 채
흐뭇한 눈빛으로 뜀박질 준비한다.

여름

그리움에
젖어 서
있는
애처로움이
우산
받쳐
준다

비의 연가

접어 있는 사랑이 애태우며
한 가닥 한 가닥 펼치는 기다림 속
세월의 아린 몸짓이
맴돌다 맴돌다 눈물만 짓는다.

최고의 순간

꽃 향의 유혹도 아랑곳하지 않은 채
남몰래 가슴 한 켠 움켜쥔
저 환희의 날갯짓
장단 맞춰 치솟아오른다.

우정

핑크빛 사랑보다 더한 우리
오므라진 가슴 환희 비추며
서로 추억 달래며 토닥 토닥
마주보는 따스한 눈길
너의 마음이 보인다.

아침 단상

한없이 흐르는 무상
장단 맞춰 한 가닥 뽑아내니
춤추는 향기 어깨 덩실덩실
신록으로 깊숙이 빠져든다.

하회탈 미소

섹시하게 드리운 초생달 눈매
하고픈 말도 전하고픈 소식도
백일홍 꽃내음에 실려 보내고
햇살과 중생길 뒤범벅이며 싸워도
늘 그 자리 지키고 있다.

들어오세요

화창한 오후
당신 맞을 준비 됐어요
천상의 행운 한가득 품고서.

풍악 울려라

푸른 나래 소쿠리에 담아
아낙네의 바람도 익어가고
소박한 웃음 이고 지고
미래 한 자락 꿈틀거린다.

선비의 하루

누가 오려나
마중가는 수염들 뒤로
가려진 갓 속엔 숨은 과거가
고단함의 둘레 묶는다.

한풀이

두드려도 펴지지 않는 저 주름진 세월
버드나무 그늘에 가려진 속울음
얼룩으로 그려지고
늙고 해진 속바지 속엔
울 엄니의 청춘이 숨어 있다.

삶의 여유

세상살이 벗어던지고
한 번쯤 바람과 뒹굴며
백일홍 그늘 아래 흠뻑 적셔도 보고
외로움 식힌다.

쉼 2

휘어져 시린 무릎 덮어 주는 꽃잎
앉은뱅이마냥 작아진 청춘
앉지도 서지도 못한 채
고개 숙이고 있다.

비애

호수에 누워 있는 저 차가운 고통
바람에 나부끼며 떠다니다
멈춰 버린 기억
하얗게 움켜쥔 이 쓸쓸한 영혼
구슬픈 눈방울엔 속울음만 흐른다.

징검다리

가고 나면 지워지고
지워지면 흘러오고
저기 다 지나고 나면
님 반기며 달려올 거나.

이상

땀들과 뒤범벅이며 싸우다
한 고비 오르고 또 오르면
난간에 서 있는 듯 뒤돌아보니
여백 움켜쥔 채
매달리고 있는 저 허물.

백년해로

하얀 드레스에
가득 고인 그리움
금빛 화관 쓴 채 더딘 발걸음으로
우리 사랑 여물 때까지
한 발 한 발 다가선다.

여인아 2

생각 한 줌 내려앉는다
평생 등지고 가야 하는 길
가다 보면 뒹굴고 흐트러진 얼룩
어느새 스며든 초록빛 바람
자리 내어주고 슬며시 사라진다.

외로움

아무도 찾지 않은 이른 아침
웽웽 울어대는 사내에게
수줍은 미소 하얗게 내보이며
살며시 분홍빛 젖가슴 내어 준다.

그리움의 저편

눈뜨기 바쁘게
재잘거리는 시간
갇힌 한 영혼 구하려
파아란 창문 열어
날갯짓 퍼득이게 한다

빗소리

너와 나의
여백 깨운다.

속삭임

오늘은 새벽안개 타고 오려나
그리운 향수에 설렘 띄우고
기다리다 기다리다
보랏빛 저고리 활짝 펼친다.

어떤 사랑

비 오는 날이면
쪽잠 포개 뜬눈으로 밤 벗삼다
그리움에 젖어 서 있는
애처로움에 우산 받쳐 준다.

진정한 영웅

굽이 살아온 한 많은 세월
모두 다 짊어지고 오른 길목 위에
겨우 수염 한 가닥 의지하면서
오가는 이의 힘겨움 날려 버리고
길잡이 되어 준다.

보랏빛 인생

언젠가는 돌아가는 길
가득 펼쳐놓은 한풀이
굴곡진 시간이 춤춘다
쌓지 못할 모래성에 욕심 채우며
한낱 바람 되어 흩어진다.

건너지 못한 강

간밤에 내린 장대비가 등줄기 쏘아 댄다
빗소리에 휩쓸려
가지 말아야 할 곳에 길 지나
애타는 아픔 되어 마냥 바라만 본다.

친구

아무도 들어주지 않는 아우성
외로움 겹겹 밀려와
곡소리 내며 고개 숙일 때
묵묵히 눈물 받아 준 너의 미소.

달의 행복

언덕 올라 별 보며 물었지
깜깜한 밤 누굴 위해
눈꺼풀 비벼가며 서 있니?
외로움 달래 주려 비추고 있지.

초코

초롱초롱 맑은 눈매로 온 집안 누비고
팔딱팔딱 재롱잔치 펼치며
우울한 시간 화알짝 펴게 해준 기쁨조
이젠 무지갯빛 그리움 다리 건너 버렸다.

추격

바다가 엉덩이 찰싹이며 외친다
어여 가 어여 가
이곳 어서 벗어나
아무도 간섭 없는 곳으로
어여 가 어여 가.

가을

기다림
태우며
이픈
가슴
토닥토닥
안는다

3

빈자리

그리움 찾아 흘러 머문 자리
수년간 떠돌다 한숨 깊게 내쉬며
흐느적거린 갈대 속울음에 숨어
눈물 한 곱절 쏟아 내고
기다림 품으며 항해한다.

보내는 마음

말없이 서 있는 푸른 잎새에
물들인 붉은 그리움
고요히 흐르는 시간 속에 멈춰
겨울을 기다린 듯 진한 몸짓
숨죽이며 울어대는 가을 감싸 안는다.

토닥토닥

당신 바라보는 심장은
두근두근거리고
지고지순한 사랑만이
기다림 태우며
아픈 가슴 살포시 안는다.

둥근 세상

뽀족한 푸른 상흔 보듬어 주고
가끔 시린 마음도 달래 주며
길쭉한 외로움도 품으로 감싸 준다.

수채화 품은 여심

가을바람 살랑살랑
너울거리는 파란 하늘
꽃잎으로 리듬 튕기며 실려 가고
풀숲 베고 누운 자리엔
분홍빛 설렘이 한들 한들.

아버지의 그늘

새벽이슬 밟은 외로움
주름진 세월의 안개 속 오르다
바위에 걸터앉은 한숨
청솔 아래 메아리쳐 돌아와
위로 건넨다.

가을의 길목

힘들게 뻗친 손 마주잡고
둥근 꿈 가득 실어
담쟁이넝쿨과 바람이 그네 탄다.

후시딘

겉할기만 스담이며 상처 메워주는 너
아프다 아프다 목메어 우는 마음은
어느 누가 채워 주누.

활주로

사랑이 멈칫하더니
갑자기 속도 낸다
님 떠난 뒤 후회하지 말고
창공 가르며 쭈욱 가라고
바람이 힘껏 밀어 준다.

거울

타들어가지 못한 심장 하나
이미 붉게 물든 사연 기웃거린다
또 다른 내가 아우성이다.

가을 연가

고단한 바람 이끄는
맘 한구석
붉디붉은 옷자락이
따스하게 감싸 준다.

보고파

굴곡진 세월 탓하지 않고
산등성이 아래 홀로 서 있는 그리움
붉게 짓무른 눈물방울 흐르고 있다.

그리운 이별

풍덩풍덩
가을이 튕기면
속내 하나하나 슈아 빠뜨리고
봇짐 싸 익은 세월 보내며
물결 따라 떠나는 마음.

괜찮아

화려한 인생 끝
욕망의 끈 놓지 못해 버티다
이젠 체념한 듯 눈물 흩날리며
소리 없이 떨어진다.

갈림길

어디로 가야 하나
넘어서지 못한
인고의 끝자락에서.

깨달음 2

들판 등에 업고
올라간 자만심이
책장에 파묻혀 외친다
"알고 있던 게 다가 아냐"

연인

한 줄기 빛도 어두운 밤 뚫지 못해
쌓은 우리 두터운 정
세상 암흑으로 덮을지라도
하얗게 빛나리.

한숨

들쑤신 허리 아물어 가는데
어느덧 맘까지 병들게 하더니
이젠 작아진 어깨조차 설 힘 없어
땅 꺼진 속울음
뒤엉킨 회상 속으로 잠든다.

방랑자

무더기 바람 걸치고
휘날리는 먼지 자락 벗삼아
쓸쓸함이
먼 하늘과 대화한다.

속닥속닥

펑펑 울어대는 언덕 너머
핑크빛 물들인 그곳에서
무얼 보고 있는 거니,
무슨 비밀 물들이고 있는 거니.

할미의 미소

누렇고 일그러진 잇몸 속에
하얀 웃음이 튀어나온다
올 한 해도
내 새끼 굶지는 않겠어.

축제

마음 풀어 놓고
어색함 허공에 날리며
광란의 빛줄기 속
흐드러진 춤사위
깃털처럼 자유롭게 펼친다.

비밀의 숲

기다림 품에 안은
햇살의 미소
멀어져 가는 속삭임도 꼭 입 다문 채
품안에 쉬어가라 뒤따른 안개의 사랑.

회상

보랏빛 찾아 한없이 거닐던 길
지나온 아픔이 낭떠러지 앞에
홀로 서서 울고 있다
시간이 흘러도 변치 않는 추억
안개 속에서 서성이고 있다.

수줍음

작은 마음 하나 소리 없이 자라
가슴 꽃 피운다
그 누구에게도 보여 주지 않고
가끔씩 바람결에 떨림 감춘 채
널 기다리며 사랑 품고 맴돈다.

어머니 사랑

지아비 수발에 손 마를 날 없고
자식 걱정에 허리 펼 날 없고
손주 사랑 모든 것 던져주고
남은 건
늘 뒤에 웃고 있는 함박 미소뿐.

황혼

기웃기웃
굴곡진 세상살이 엿본다
겹겹 쌓인 저곳 지나면
접혀 있던 시간들 활짝 웃으며
주름도 미소 머금는다.

당신과 나 사이

외로운 소나무 바람 속에 서 있다
묵직한 고독으로
하늘과 맞닿은 분홍빛 기다림 아래
은은히 다가오는 속삭임처럼.

마음 구멍

보일 듯 말 듯
잡힐 듯 말 듯
가녀린 가슴의 늪속에 허우적이지만
느끼는 건 빈 허공에 고함뿐
길쭉길쭉 서 있다.

시작

둥그랗게 품은 넓은 열정도
두 손 꼭 잡은 연정도
올라야 할 높은 이상도
너로 인해 활활 타오른다.

가을의 설레임

유리알마냥 청아한 얼굴
닿으면 베일까 누르면 깨질까
노심초사 바라볼 수밖에.

사랑

화려한 덧옷 걸치지 않아도
가을바람의 시샘에도
그리움 밀고 가는
분홍빛 정다움
감추지는 못한다.

작별

그리운 님의 드리워진 모습
그 뒤로 가슴앓이 뿜어 내고
한 방울 눈물이 시뻘건 불덩이 되어
가슴속으로 깊숙이 파고든다.

새날

산뜻한 새 바람에 흔들리는 설렘
간밤에 쪽잠 잔 생각의 스침도
탄내 나는 속내음 붉은빛에 스며들고
입꼬리 미소 짓는 신호탄이
앙상한 두 눈 빛나게 한다.

겨울

그
저
리
그곳에서
기다림
배우며
서
있다

4

시간을 지운다

추억이 스쳐지나고 있다
나누던 이야기 소복소복 쌓여
가지에서 쪽잠 잔다
기억 지웠다 쓰며
따스한 꿈길 하염없이 걷는다.

겨울 편지

하늘 아래 덩그러니 서 있다
쓸쓸한 바람이 마음 흔드는 자리
하얀 외로움 잠재우고
점점 쌓여 가는 그리움 담아
우체통에 띄운다.

지킴이

외로움 홀로 이기며
하얀 추억 속 그림자 하나 서 있다
우뚝 솟아
행여 추위에 떨지 않을까
한시도 눈 떼지 못한 채 서 있다.

쉼 3

거센 눈바람 그 사이
열지 못한 맘이 서성인다
겉모습 거친 듯 까칠해도
속 부드러움으로 안아 주는
소나무 품에 살포시 기댄다.

친구

쭈빗쭈빗 서성인 바람 막아 주며
꽁꽁 매달린 마음 녹여 주고
텅 빈 가슴팎도 안아 주며
온 세상 비양거려도 끝까지
동행한다.

생각 모자

낱말들이 주섬주섬 다가서고
하얀 머리에 쌓인 낡은 시어도
엉거주춤 겹겹이 쌓여간다
수심가득한 민낯 감싸며
"괜찮아 괜찮아"

어느 날

하얀 갑옷의 무게가 덧없을 때도
해맑은 아이의 미소가
헤진 어미의 근심
그 구멍 난 상흔 꿰맨다.

비밀의 숲

푸른 하늘에 추억 펼친다
가지마다 켜켜이 쌓인 수줍음
바람에 우수수 떨어지고
더 깊게 뻗은 하얀 그리움
빛나는 속살 아래 잦아든다.

돌아오지 못한 사연

무작정 걷다 보니
님 향한 그리움이
짙푸른 바다에 넘실넘실
차오른 보고픔 사무쳐
이윽고 내려앉는다.

길잡이

외로운 바다 위 뚝심 있는 삼 형제
빛 태우며 길 잃은 이정표 위로하고
앞서거니 뒤서거니
차가운 여정 따스한 품으로 데워 준다.

치유

용천수 하늘까지 치솟아
차갑게 물들인 청굴물
상흔 씻겨 주며 옷자락 춤추게 하고
갈매기 외침 구름 맞닿아 메아리친다.

겨울 소나타

어느 산속에
설경과 협주하는 눈줄기
가야금 선율처럼 메아리 되어 맴돌다
흐르고 흐르다 속울음 토해낸다.

이젠 어디로

드넓은 대지 위 사연들 흩날리고
풀지 못한 이야기만 소복소복
흐트러진 세상 위로 쌓이는
저 하얀 메시지.

어메

어미 젖가슴에
사랑이 한 소끔 끓어오른다
꽁꽁 언 가슴 한 켠
거센 바람 등에 내어 주고
따스한 꿈 심어 준다.

삶

소용돌이치던 겨울바람
바다와 손뼉 친다
아낙네 굽은 허리 툭툭 치며
여백에 선 그으며 내려간다.

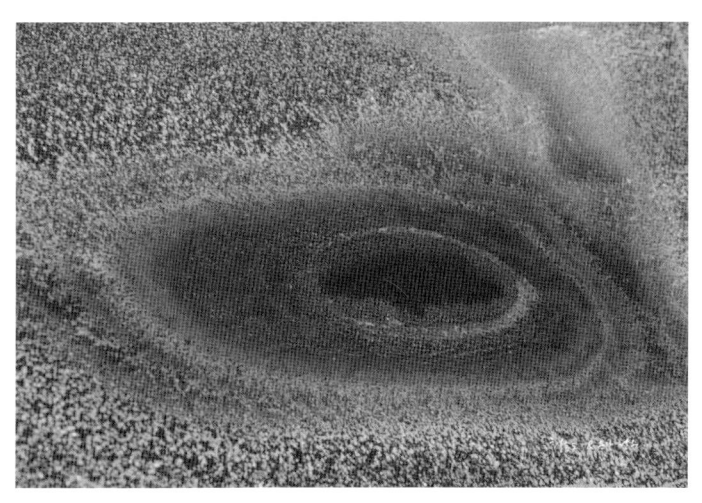

탄생의 비밀

톡 톡 톡
생명의 문 두드리는 소리
한 줄기 빛으로 깨어나
동여 잡은 하얀 환희.

휴가

십 리 길 마다않고
햇살 한 줌 바람 한 점 태우고
어하둥둥 가락 맞춰 달리던 추억
녹슨 다리 멈칫하고 그림자에 기댄다.

세월

낯선 얼굴 비추는 거울처럼
바라보며 묻는다
"그때의 너는 어디에 있니?"
말없이 그을린 추억 감싸고 희미해진 추억
사라진 게 아니라 조용히 흘러간 것뿐.

이제 시작이야

하얀 마음이 곳곳이 서서 말한다
잘 견뎌봐
앙상함 훌훌 벗고 나면
초록 모자 쓴 산들바람이
외로움 벗기려 올 거야.

쉼 4

파도에 업혀 고단한 어깨 기댄다
더 이상 갈 곳 없는 길
고향 살결 내음 속에서
먼 하늘 바라보며 휴식한다.

웃어도 웃는게 아냐 「헤헤」

반달이 초생달되고
답답한 가림새 벗어던졌는데
어찌하여 비뚤어진 틀은
아직도 텅 하니 비어
제자리로 돌아오지 않을까.

자유

아슬아슬한 곡예사 인생 속에
오르다보니 청송 숲이 드높다
굽이진 세상살이도
고부랑길도 없다
가까워진 하늘아래 내려 놓는다.

그리움 머무는 자리

한숨 쉬어 가는 그곳에서
순백의 하얀 사랑이
차가운 마음 데워 주며 말한다
따스한 가슴으로 들어오렴.

첫 경험

두려움과 설렘 공존하는 시간
푸른 창공 미소 지으며 응원 더하고
준비하지 못한 채 두근두근 가슴 조이며
떼지 못한 다른 발 용기 내어 보란 듯
두 날개에 의지해 본다.

오늘은

어떤 날은
멍하니 노랗게 비어 있다가
또 다른 날은
감정이 붉게 타올라 눈물꽃 뿌려지고
어느덧 푸른 세상.

좋아 좋아

파닥거린 시간 잠재우고
스며든 이 촉촉한 사랑
하얀 여백 사이 맴돌다
목마른 그리움으로 다가서더니
붉은 연정되어 톡톡.

일편단심

변함없이 기다리고 있을게요
그대 향한 마음
흰머리 되어 흔들릴지라도
휘파람 불어대는 바람이듯
푸릇한 보고픔 간직한 채.

사랑 오는 길목

쑥스러운 미소로 고개 숙인 발걸음
차마 잡지 못한 손
하얀 눈발 속에 감춰진 밀당
애간장 낀 속가슴만 꼬옥.

대나무 연가

그리움 뚫고 다가와
보일 듯 말 듯
그 자리 그곳에서
기다림 배우며 서 있다.

시평

문학박사
전, 전남대학교 교수
문학평론가

박 덕 은

정순애 시인의 디카시집 출간을 축하하며

청포도 정순애 시인은 시인으로서, 사진작가로서 지금도 활발한 활동을 하고 있다.

한국사진작가협회 광주지부 부지회장, 빛고을사진문화포럼 이사, 한국미술협회 회원, 한국미술협회 추천작가, 광주매일사진대전 초대작가로 바쁜 하루 하루를 보내고 있을 뿐만 아니라, 시인으로서도 그 힘찬 발걸음을 내디디고 있다.

광주광역시 문인협회 회원, 광주광역시 시인협회 회원, 한실문예 창작 회원, 둥그런 문학회 회장으로도, 또 포아트사진동호회 회장, 국제로타리3710지구 광주상무로타리클럽 회장 역임, CBMC 광주지회 위원장으로도 열정을 쏟고 있다.

뿐만 아니라, 시낭송가로, 또 그린출판기획 대표로서도 분주한 일상을 꾸려 나가고 있다.

그 열매로, 그녀는 광주광역시미술대전 최우수상과 특선 다수, 한국관광공사 대한민국 공예 사진대전 우수상, 광주사진대전 대상 수상과 무등미술대전 장관상 등을 수상한 바 있다.

그녀는 2011년 월간지 《문학공간》 시 부문 신인문학상 수상으로 문단에 데뷔한 이래, 박덕은 미술관 전국 디카시 문학상 최우수상, 이준열사 문학상 장려상, 삼행시 문학상 은상, 부산문화글판 문학상 등을 수상했다.

자, 그러면 지금부터 정순애 시인의 디카시 세계로 들어가, 탐구의 시간을 갖도록 하자.

혹독한 겨울 뚫고
서성이는 봄 붙잡고
님 그리워 나선 길 잃을까
분홍빛 등 따라 걷는다.
– 「오랜 기다림」 전문

　이 디카시에서의 시적 화자는 자신이 겪는 극한의 어려움 속에서
소중한 대상을 향한 여정을 묘사하고 있다. 시는 추상적 개념을
자신만의 언어로 탈바꿈시켜 소통 가능한 언어가 되었을 때 비로소
그 언어는 시적 기능을 할 수 있다. 단지 새롭다는 이유로 변이를
꾀하면 불편해질 수 있다. 남과 다른 발상도 독자의 설득을 유도
할 수 없다면 아무것도 아닌 것이 된다. 원칙에 입각해서 시의
힘을 부채꼴로 확장시켜야 시는 그 힘을 발휘한다. 보편적으로
통용되는 설득력이 밑바탕에 깔려 있어야 한다. 그런 점에서 이
디카시는 빛을 발한다. 님이 그리워 나선 길을 잃을까, 시적 화자는
조심조심 걷고 있는 것이다. 문학은 아픔의 한가운데에 있는
감정을 건드려 치명적인 진실을 들여다봐야 한다. 고통스럽지만
고개 돌리지 않고 그 안에서 사색하며 행복의 방향으로 나아가야

한다. 다시 말해 아픔이 행복과 평안을 끌어당기는 것이니 문학의 힘은 가히 대단하다. 슬픔을 정면으로 응시하며 생각과 감정을 억누르는 것들의 정체를 들여다보고, 그 억지의 힘을 인지해야 한다. 그 지점을 통과하면 내일로 희망으로 나아갈 수 있다. 시적 화자는 슬픔이라는 혹독한 겨울을 이겨내고 머뭇거리는 봄을 붙잡으려 하고 있다. 여기서 말하는 "서성이는 봄"은 무엇을 의미하는 것일까. 혹독한 겨울을 뚫고 나왔으니 당연히 봄을 붙들고 나아가면 되는데, 왜 시적 화자는 봄 앞에서 자꾸만 망설이며 주저하며 배회하는 것일까. 님이 그리우면 님에게 무작정 달려가면 될 텐데 시적 화자의 발목을 붙드는 어떤 불편한 감정 때문에 자꾸만 서성이게 된다. 님이 반기지 않을 수도 있다고 생각한 것일까, 아니면 시적 화자의 현실이 녹록치 않아 그리움은 사치라고 생각한 것일까. 그게 무엇인지는 정확히 알 필요는 없다. 오히려 상상의 폭을 넓히는 시의 애매성으로 두는 게 낫다. "혹독한 겨울"과 "서성이는 봄"이 대조를 이루며 시적 화자의 마음을 대변해 주고 있어 좋다. 이제 시적 화자는 사랑하는 님을 그리워하는 마음으로 길을 나선다. 이 여정에서 길을 잃을까 두려워하면서도, 분홍빛 등을 길잡이 삼아 계속 나아가는 시적 화자의 간절한 심정이 드러난다. 짧지만 계절의 대비와 희망을 상징하는 빛을 통해 시적 정서를 효과적으로 전달하고 있다.

해 질 녘 되도록 님 기다리며
흔들린 마음
바람 한 자락에 의지하며
사랑의 늪에서 허우적 허우적.
— 「가슴앓이」 전문

　이 디카시에서의 시적 화자는 사랑과 기다림이라는 주제 속으로 들어가고 있다. 우리의 삶을 관통하는 주제는 무엇일까. 그건 분명히 사랑일 것이다. 사랑 때문에 절망의 계절을 인내하고 사랑 때문에 적막을 견디고 사랑 때문에 불면을 밤을 건넌다. 도대체 사랑은 무엇이며 어찌해야 사랑을 얻을 수 있을까. 시적 화자에게 다가온 사랑의 기적을 예감하지만, 어찌된 일인지 그 사랑의 늪에서 자꾸만 허우적거리고 있다. 시는 이렇듯 명료하지 않는 사랑의 경계선에서 사유의 뿌리를 내린다. 불분명하고 모호한 추상적인 주제를 붙들고 시의 옷을 입어야 한다. 그러려면 시에 대한 갈망이 있어야 한다. 갈급함으로 간절함으로 다가가야, 시는 제 몸을 열어 전율을 일으키는 심장을 보여준다. 차곡차곡 쌓인 체험을 끄집어내어 상상력으로 확장해 사유의 함량을 늘려야, 시의 심장에 닿을 수 있다. 시적 화자는 "해 질 녘 되도록 님 기다리며/ 흔들린 마음"에 휩싸인다. 왜 님을 기다리고 사랑을 기다리는데 자꾸만 흔들리는 것일까. 사랑을 해서는 안 되는 어떤 이유가 있는 것일까. 자꾸만 사랑 쪽으로 걸어가는 마음의 발걸음과 그 발목을 몽땅 잘라서라도 가지 말자며 붙잡고 있는 괴로움이 느껴진다. 시적 화자는 자신에게 수도 없이 당부를 했을 것이다. 사랑을 하자며 의지를 불태우고, 또 사랑을 지우자며 괴로움에 빠져들었을 것이다. 과감하게 사랑에 도전장을 내밀고 싶기도 하고 현실에 안주하며 살고 싶기도 했을 것이다. 시는 이렇듯 감정의 심층에 층층이 쌓여 있는 두려움과 불안을 직시해야 한다. 너와 나의 경계, 일상과 비일상, 실재와 몽상의 경계를 자유롭게 넘나들며 사유의 깊이를 더해야 한다. 시적 화자는 "흔들린 마음/ 바람 한 자락에 의지하며" 나아가고 있다. 흔들리는 마음이 주저앉지 않고 앞으로 나아가게 만드는 그 사랑의 발자국이 시적 화자의 가슴에 화인(火印)처럼 찍혀 있나 보다. 해 질 녘까지 사랑하는 사람을 기다리는 시적 화자의 모습이 안쓰럽다. 시적 화자의 흔들리는 마음은 바람에 의지하여 버티고 있으며, 이는 사랑의 늪에서 허우적거리는 고통스러운 상태로 묘사되고 있다. 전반적으로 이 디카시는 기다림에서 오는 애절함과 사랑의 어려움을 서정적으로 표현하고 있다.

낱말들이 주섬주섬 다가서고
하얀 머리에 쌓인 낡은 시어도
엉거주춤 겹겹이 쌓여간다
수심 가득한 민낯 감싸며
"괜찮아 괜찮아"
– 「생각 모자」 전문

제3회 박덕은 미술관 전국 디카시 장려상 수상작인 이 디카시에서의 시적 화자는 눈 내리는 풍경을 낱말들이 천천히 다가서고, 오래

된 시어들이 하얀 머리 위로 겹겹 쌓여 가는 모습으로 묘사하고 있다. 시는 일상적인 인식의 범주를 벗어나 사유의 영역을 확장시킬수록 좋다. 그러려면 인식의 경계를 무너뜨리며 발랄한 상상력으로 밀고 나가야 한다. 그 상상력을 시의 동력 삼아 시의 세계를 무한대로 펼칠수록 좋다. 하지만 인식의 범주에서 한 발짝 나아가 판타지로 들어서는 건 그리 쉽지만은 않다. 이 디카시에는 일상적인 인식의 범주를 벗어나려는 어떤 노력들이 깃들어 있다. 그리하여 시적 대상에 대한 사유를 확장하며 나아가고 있다. 시적 화자는 눈 내리는 풍경을 "낱말들이 주섬주섬 다가서고/ 하얀 머리에 쌓인 낡은 시어도/ 엉거주춤 겹겹이 쌓여간다"고 표현하고 있다. 신선하다. 주섬주섬 다가서는 낱말과 머리에 쌓인 낡은 시어가 생각 모자인 것이다. 그러고 보니 온 세상을 하얗게 덮은 함박눈은 지상의 목숨들에게 수심 가득한 지난날은 지난날대로 다 의미가 있었으니 괜찮다라고 말해주는 듯하다. 어린 시절 함박눈이 내리면 마냥 설레고 좋았다. 함박눈을 머리에 이고 친구들과 장난을 치면 즐거웠다. 함박눈은 우리에게 즐겁게 살아야 한다며 인식의 틀을 깨뜨릴 수 있는 생각 모자를 선물해 주었나 보다. 이 시는 여러 층의 상상을 관통하며 기록한 파장을 자분자분 보여주고 있다. 눈 내리는 풍경이라는 실재 공간이 상상의 공간으로 연결되어 새로운 시적 이미지를 만들어내고 있다. 다소 시인은 엉뚱해야 한다. 매너리즘에 빠지면 안 된다. 소소한 일상을 뜻밖의 관점으로 들여다보면 특별한 소재를 찾을 수 있다. 감각적인 경험을 넘어 도발적인 상상을 할 필요가 있다. 이때 느껴지는 긴장감은 진부함을 벗을 수 있는 환기의 역할을 한다. 시적 화자는 수심 가득한 민낯을 감추려 애쓰면서, '괜찮아 괜찮아'라고 스스로를 위로하는 내면을 독백으로 보여 주고 있다. 전반적으로 이 시는 시간의 흐름 속에서 쌓이는 생각과 시의 무게, 그리고 그 안에서 자신을 다독이는 정서적 순간을 담아내고 있다.

보랏빛 찾아 한없이 거닐던 길
지나온 아픔이 낭떠러지 앞에
홀로 서서 울고 있다
시간이 흘러도 변치 않는 추억
안개 속에서 서성이고 있다.
– 「회상」 전문

　이 디카시에서의 시적 화자는 추억과 과거의 아픔에 대한 깊은
성찰을 담아내고 있다. 시적 화자는 "보랏빛 찾아 한없이 거닐
"었다. 보랏빛은 어떤 상징을 담고 있는 것일까. 무지개의 일곱
번째 색깔이 보랏빛이다. 그렇다면 시적 화자가 꿈꾸는 무지개
같은 어떤 이상향을 보랏빛으로 설정한 것일까. 아니면 첫 번째
도 아닌 일곱 번째 색깔처럼 다다를 수 없는 어떤 사랑을 보랏빛
으로 설정한 것일까. 보랏빛의 상징을 정확히 알 수는 없지만,
화자는 그 보랏빛에 다다르기 위해 한없이 길을 거닐었다. 사람
들은 때때로 아니, 자주 가닿을 수 없는 세계에 가고 싶어 한다.
그 세계가 종교일 수도 있고 첫사랑일 수도 있고 어떤 목표일 수도
있다. 그 세계에 가닿기 위해 열정을 쏟으며 불면의 밤을 지샌다.
그런 노력과 정성들이 쌓여 자신이 소망했던 세계에 가닿기도 한다.
허나 욕망은 끝이 없어 다시 가닿을 수 없는 세계를 설정하고
다시 길을 떠난다. 이 디카시는 욕망의 내밀한 심층을 들여다보고

있다. 욕망으로 상징되는 보랏빛을 손에 쥐기 위한 걸음과 걸음 그 속에서 다가온 아픔들을 꺼내고 있다. 보랏빛으로 향하는 '상향적 시선'이 한 인간을 성숙의 길로 인도하기도 하지만 때로는 제약과 한계를 깨닫게도 한다. 그 속에서 느끼는 절망과 좌절을 "지나온 아픔이 낭떠러지 앞에/ 홀로 서서 울고 있다"로 표현하고 있다. 시적 화자는 "보랏빛"을 찾아 걷던 길과 낭떠러지 앞에 홀로 선채 우는 지나온 아픔의 이미지를 대조하면서, 서정적인 분위기를 조성하고 있다. 특히, 시간이 흘러도 변치 않는 추억이 안개 속에서 서성이고 있다는 구절은 과거의 기억이 현재에도 영향을 미치고 있음을 암시하고 있다. 특이한 점은 사진 속 한 여인이 보랏빛 옷을 입고 있다. 가닿고 싶었던 보랏빛은 혹시 내 안에 있는 그 무엇을 대변한 것은 아닐까. 세상을 아무리 돌아다녀도 내 발바닥 밖으로 떠날 수 없듯이 그 보랏빛은 내 안에 있다는 것을 에둘러서 표현하고 싶은 건 아닐까. 전반적으로 이 작품은 고독하고 사색적인 어조를 통해, 회상의 감정을 표현하고 있다.

화려한 덧옷 걸치지 않아도
가을바람의 시샘에도
그리움 밀고 가는
분홍빛 정다움
감추지는 못한다.
— 「사랑」 전문

이 디카시에서의 시적 화자는 겉치레 없는 소박함 속에서도 사랑의 본질을 잘 드러내고 있다. 광부는 석탄을 채굴하지만 시인은 깊이 매장된 사유의 본질을 채굴해야 한다. 광부가 지하 천 미터의 막장까지 내려가 석탄을 채굴하듯 시인은 뼛속까지 내려가 시의 언어를 채굴해야 한다. 사유의 본질을 채굴하여 불필요한 것들을 털어낸 후 시의 골조를 완성해야 한다. 이 디카시에서는 '사랑의 자세'에 대해 채굴하고 있다. 어떤 자세가 아름다운 사랑의 자세일까. 시적 화자는 과장되게 치장하여 님의 눈길을 끄는 것은 사랑의 자세가 아니라고 하며 "화려한 덧옷 걸치지 않"는다. 자신의 모습을 있는 그대로 보여줘야 사랑은 오래 간다. 시도 마찬가지다. 시적 기교만 화려하게 치장하면 그 화려함이 시적 의도를 가려 보이지 않는다. 정순애 시인은 기교의 늪에 빠지지 않고 담백하게 시를 쓴다. 시의 겉치레에 발목 잡히지 않고 시의 본질로 들어간다. "가을바람의 시샘에도" 시적 화자는 "그리움 밀고 가"고 있다. 사랑을 시샘하는 누군가에게 반박하지도 않고 자신의 색깔로 나아간다. 맞다. 사랑은 이렇게 해야 한다. 누가 부추긴다고 해서 누가 시기한다고 해서 사랑의 강도를 변화시키면 안된다. 자신의 걸음으로 자신의 색깔로 사랑에게 나아가야 한다. 사진 속 코스모스는 가을바람이 불든 말든 분홍빛 사랑의 자세로 피어나고 있다. 시적 화자는 저 사랑의 자세처럼 자신의 색깔대로 사랑하라고 말하고 있는 것이다. 특히, 가을바람의 질투에도 불구하고, 그리움을 안고 나아가는 분홍빛 정다운 감정은 숨길 수 없다고 노래한다. 즉, 이 구절은 진실하고 꾸밈없는 사랑의 모습을 서정적으로 포착하는 데 성공하고 있다.

산뜻한 새 바람에 흔들리는 설렘
간밤에 쪽잠 잔 생각의 스침도
탄내 나는 속내음 붉은빛에 스며들고
입꼬리 미소 짓는 신호탄이
앙상한 두 눈 빛나게 한다.
- 「새날」 전문

　이 디카시에서의 시적 화자는 자신의 내면적인 변화와 새로운
시작에 대한 기대를 표현하고 있다. 우리는 늘 새날을 꿈꾼다.
새날은 어제보다 성숙한 날이며 희망이 새로 밝아 오는 날이다.
버릇처럼 길들여진 나태함을 벗고 무덤덤한 무료함을 벗고 꿈의
씨앗이 발아되는 그런 새날을 소망한다. 새해 첫날이면 사람들은
일출을 보러 간다. 일출을 보러 가는 그 마음이 새날에 대한 기대
때문일 것이다. 아득한 수평선 위로 어둠의 살을 씻으며 올라오
는 해. 불안과 주저와 두려움을 푸른 물에 헹구고 솟아오르는 해.
그 해에 기대어 새롭게 시작하고 싶은 것이다. 시적 화자는 그
마음을 "산뜻한 새 바람에 흔들리는 설렘"이라고 말하고 있다.
우리는 그 설렘으로 내일을 열고 싶어 한다. 작심삼일이면 어떤가.
삼일 후에 다시 마음을 다잡고 일어서면 된다. 포기하지 않고
작심삼일이 지속적으로 반복되면 되는 것이다. "간밤에 쪽잠 잔
생각의 스침도" 붉은빛에 스미고 "탄내 나는 속내음"도 붉은빛에

스미고 있다. 시적 화자에게 새날이 다가오고 있다. 사진 속 중앙의 붉은빛이 시의 의도를 더 부각시키고 있다. 신선한 바람이 주는 설렘과 함께, 간밤에 겪은 생각의 스침과 고뇌가 새롭게 피어나는 긍정적인 감정 속으로 스며드는 과정을 묘사하고 있다. 타는 냄새로 비유된 내면의 복잡한 감정들이 결국 입꼬리의 미소라는 신호탄으로 전환되고 있다. 이 신호탄은 앙상했던 두 눈마저 빛나게 만들며, 시적 화자가 새로운 희망을 맞이하고 있음을 강하게 시사하고 있다.

　이처럼, 정순애 시인의 디카시들은 다양한 감정과 경험을 담고 있다. 이 디카시들은 사랑하는 사람을 향한 그리움과 기다림 그리고 위로의 말을 주요 주제로 다루고 있다. 이는 종종 고통스럽고 흔들리는 감정으로 표현된다. 또한 시간의 흐름 속에서 쌓이는 생각과 자기 위안의 과정을 보여주며, 지나온 아픔과 변치 않는 추억에 대한 성찰도 포함하고 있다. 결국 꾸밈없는 그리움과 사랑의 본질과 더불어 새로운 설렘과 희망을 맞이하는 긍정적인 기대감을 담아내고 있다. 무엇보다도 그녀의 디카시들은 아주 섬세하고 정교하고 아름다운 사진들을 대동하고 있어, 매우 인상적이다. 특히, 사진들이 시들을 돋보이게 하고 있고, 시들은 사진들을 빛나게 해주고 있어서, 더욱 멋스럽다. 좋은 구도와 깔끔함과 기발한 착상이 장점인 사진들과 이미지 구현과 낯설게 하기를 장착한 시적 형상화가 만나, 디카시의 우아한 세계를 튼실히 구축해 놓아, 더욱 감탄을 자아내게 한다.
　부디, 여생 동안 더욱 아름다운 디카시들을 창작하여, 제2, 제3 디카시집으로 알뜰하게 열매 맺기를 바란다. 멈추지 않고 꾸준히, 한결같이 디카시 창작의 길을 향긋이 거닐기를 소망한다.

─ 날이 갈수록 청아한 가을 날씨가 감동을 듬뿍 안겨 주는 어느 날
  한실문예창작(12개 문학회) 지도 교수 박덕은

  (문학박사, 전 전남대학교 교수, 국어국문학과장 역임, 대한시문학협회 회장, 박덕은 미술관 관장, 광주시민사회단체(523개)총연합회 대표회장, 노벨재단 이사장, 시인, 소설가, 동화작가, 문학평론가, 중앙일보 신춘문예 당선, 전남일보 신춘문예 당선, 새한일보 신춘문예 당선, 광주문학상 (제1회), 전라남도문화상, 김현승 문학상, 빛고을 문학상 수상, 저서 [현대시창작법], [현대소설의 이론], [문체론] 등 132권 발간)

정순애 디카시집

괜찮아

마주 보는 따스한 눈길 너의 마음이 보인다.

인쇄	2025년 10월 31일
발행	2025년 11월 10일

지은이	정순애
사진	정순애
디자인	그린출판기획
표지 디자인	노푸른

펴낸곳	그린출판기획
	출판등록 2008년 3월 25일 제 359-2008-000072호
	주소 광주광역시 동구 백서로 117번길 3-1
	구입문의 062_222_4154
	팩스 062_228_7063
ISBN	978-89-93230-52-9